diseña tu  mundo cada día

OCTAVUS

#50manerasdedecirtequiero

GRÍTALO a los 7 VIENTOS

Idea original:

María Canalejas Tulleuda & Dibu2pia

Ilustraciones:

Blanca Tulleuda / @dibu2pia

ISBN: 1717299806

ISBN-13: 978-1717299802

2

PARA NOSOTROS.
PARA TÍ
PARA MÍ.
Y POR EL CAMINO.

Y en especial
para Manolo
con quien
recorro el mío.
Junto con otros.
cinco soles

OCTAVUS

...

GRÍTALO a los 7 VIENTOS

A veces no hay nada mejor para el alma que echar a correr lejos y con alguno de los 7 principales vientos que tenemos en nuestra hermosa tierra dándonos de lleno en la cara, gritarle, o suplicarle aquello que nos quema o desborda por dentro. Y después podemos desplomarnos y susurrarle otras cosas menos intensas. Al ábrego templado, al cierzo que no perdona, a la súbita galerna, al popular levante, o al

4

seco poniente, o al rebelde terral,
o a la loca tramontana. Buscan
do en su Rosa, algún rumbo claro
en su circumferencia del horizon
te, esa que Ramón Llull nos ofreció
con sus ocho puntas. Ese ocho que
en realidad es un infinito que
se ha levantado. Esa rosa que
le pincha a Jorge, al Dragón, y
a cualquiera. Esa que todos lleva,
mos dentro. Y qué casualidad que
cuando a la Rosa le quitamos los
7 vientos nos quede sólo uno. El
que somos nosotros. El que soy yo.
O eres tú. Ese segundo eterno o esa
eternidad momentánea.

INTRO...

Esto debería ser sencillo y concreto. Y ninguna de las dos cosas se me dan bien cuando se trata de sentimientos o de palabras. Por eso me es más fácil siempre encontrar una imagen o una frase de una canción que lo expresen mejor que yo.

Este conjunto de frases, la mayoría de ellas llegaron a mi vida hace 3 años en un bote de mermelada. En pequeños pergaminos envueltos en hilo rojo, muy bien anudado, tanto que a veces la lectura se resistía. Abrí un mensaje al día, pero con dos años de retraso desde su entrega. El bote estuvo allí en lo alto del estante de la entrada, mirando a María cada vez que pasaba por el arco de la puerta, quién me regaló ese tesoro con Manitos. Pero no me veía a mí.

6

#50manerasdedecirtequiero

Allí estaban. Herméticos. Esperando. Y pasaron días. Semanas. Meses. Años. Yo suelo ordenar la entrada una vez al mes. Y todo se recolocaba. El polvo se limpiaba y el bote... allí se quedaba. Era, simplemente... invisible para su receptor, que era yo. Estaba allí, a la vista. Sabía lo que era, lo que contenía, y aún así, mi vida no tenía ni tiempo ni lugar para ese bote. Y el bote quería gritar, pedir ayuda, abrazos, sonrisas, silencios... quizás, de comprensión. Era una olla a presión muda, enlatada, inmóvil, a la vista de todos y olvidada e ignorada, sin intención.

Esos dos años fueron un infierno para mí, un laberinto de asfixia. Ojalá lo hubiera abierto pero despertar y respirar y cumplir con lo esperado, era todo. Mi propio dolor y oscuridad y cansancio no me dejaban ver fuera de mí. Mis

#50manerasdedecirtequiero

monstruos crecían dentro y se hacían fuertes
debajo de una **armadura** de titanio que a
priori podía con todo. Con todo menos con lo
importante e imprescindible, y eso a veces los
niños lo saben mejor que lo que ya somos más
mayores. Lo saben, lo perciben, y lo ven.

Y un **día mágico** se me paró el tiempo.
A veces es cierto que aparecen **ángeles** en tu vida.
Y me gustó. Dejar de sentir ese **estrés** y angustia
por no llegar **nunca**. Fue una **calma** y paz que
necesitaba. Me **confundí** claro, y me desperté un
mes más tarde como Door de Gaiman en "London
above"... pero en una cama de hospital con
mucha gente haciéndome **preguntas**. En 24 h.
me dieron el alta y al entrar en casa lo 1º
que vi fue el BOTE. Lo abracé. Me senté en la
cocina y me prometí quererme y tener **paciencia**
conmigo misma cada día. Me juré **amor eterno**.

#50manerasdedecirtequiero

Hay muchos **motivos** por los que dejamos de mirar hacia dentro. Y nos convertimos en ~~zombies~~ sin querer serlo. Nos ciega. Como dicen en "Men in Black" pasamos a ser "un traje de Jack". Pensar, **da miedo**. Porque requiere de **compasión y resiliencia**. **Perdonarnos** los **errores** y levantarnos de nuevo para **seguir** con más fuerzas, y **ayudar** a los demás.

Este compendio es un **grito** desesperado de los silenciosos. De los que aman demasiado y no saben decirlo. De los que necesitan **todo** y no levantan la mano. De los que temen el **rechazo** y silencian su **llanto**. De los que tenemos cerca y nos son ~~invisi~~ **invisibles**. De los **diferentes**, los **raros**, o que se sienten así. De los **solitarios**. Es una **mirada** hacia dentro para poder **ver** fuera. Y dar **abrazos y sonrisas** a quien lo espera. Son motivos para **amar la vida**, la nuestra sobretodo y **agradecer** el amor de quien nos acompaña.

MIJAS 30/03/2018

9

#50manerasdedecirtequiero

ACLARACIONES: estos dibujos no son míos. Representan las frases del BOTE. La mayoría proceden de imágenes y fotos reales que me han inspirado lo que hay para mí detrás de las palabras. Muchas las hemos consensuado con María, mi hija. Otras han sido sólo imágenes que veo en mi interior y que se corresponden con cosas que uno encuentra. Podéis usarlas para lo que os interese. Como ya dije... no son míos. Si alguien las quiere en digital puede pedirlas a info@dibu2pia.es o por MD a @dibu2pia.

¡USADLAS por favor! Para vosotros mismos... porque **siempre hay algo de luz en la oscuridad.** Si la hubo puede haberla de nuevo. Y seguro que la hubo. Para **decirles** a las personas que queréis o necesitáis **lo que sentís.** Una imagen vale más que 1000 palabras. Y un dibujo más que 1000 imágenes...

#50manerasdedecirtequiero

AGRADECIMIENTOS:

☑ A Todos los que alguna vez me han jodido. Lo sepáis o no. Os he perdonado y espero que el Kharma no os lo devuelva (lo digo en serio). Me habéis curtido y eso no se paga con dinero ;·

☑ A los que no conozco y leéis esto : HAVE FUN. TAKE CARE. LOVE HARD. Y corred la voz.

☑ A mis importantes. Sabéis quién sois. Gracias por estar allí. familia y amigos. Amigos y familia. Cercanos o distantes. You are ♥ HERE

☑ A mis imprescindibles. Os quiero y seguiré haciéndolo por los siglos de los siglos. Me hacéis mejor persona. Gracias nunca será suficiente: Manolo, Ana, María, Blanca, Manolito, Ramón.

P.D. La NADA no existe. No puede hacerlo.

#50manerasdedecirtequiero
por saber
CÓMO
soy yo
DE VERDAD
@mericamalejas
@dibuZpia

12

#50manerasdedecirtequiero
porque
SIEMPRE 
QUE TE
NECESITO
estás aquí
@dibu7pia
@meericamalejas

14

#50manerasdedecirtequiero
PORQUE no
CAMBIARÍA te
por
NADA
@metricamalejas
@dibujpia
15

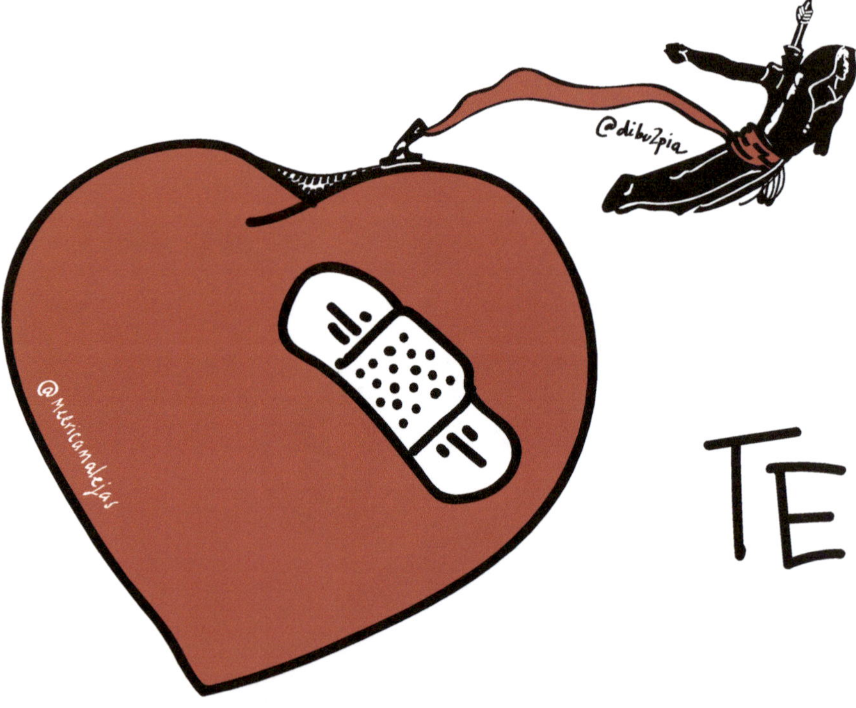

#50manerasdedecirtequiero
PORQUE NUNCA
@dibu2pia
@muricamalejas
TE
RINDES

16

#50manerasdedecirtequiero

POR ESAS TARDES
JUNT@S
@metricamalejas
@dibu2pia

ACHUCHONES

#50manerasdedecirtequiero
porque ME SOBRAN
@dibujpia
@meximamalejas
las RAZONES
19

#50manerasdedecirtequiero
PORQUE CON UN BESO
LO TODO
CURAS
@dibu7pia
@musicamalejas

porque ME

Coexist

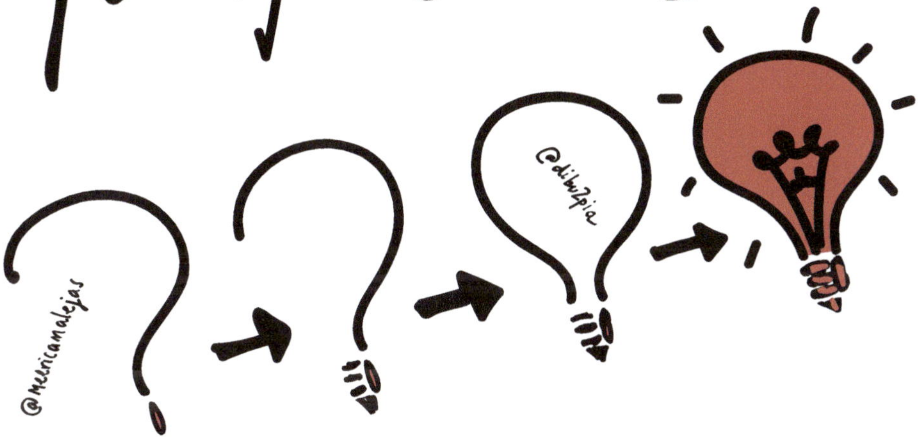

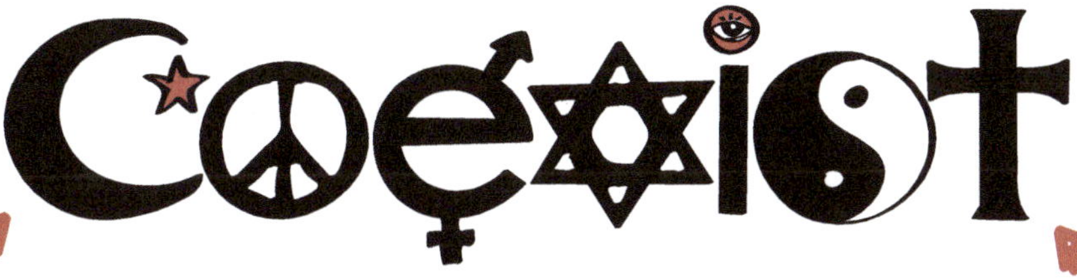

ANIMAS a

que pregunte

#50manerasdedecirtequiero
POR SER
TAN
pesad@
@dibuzpia
@musicamalejas

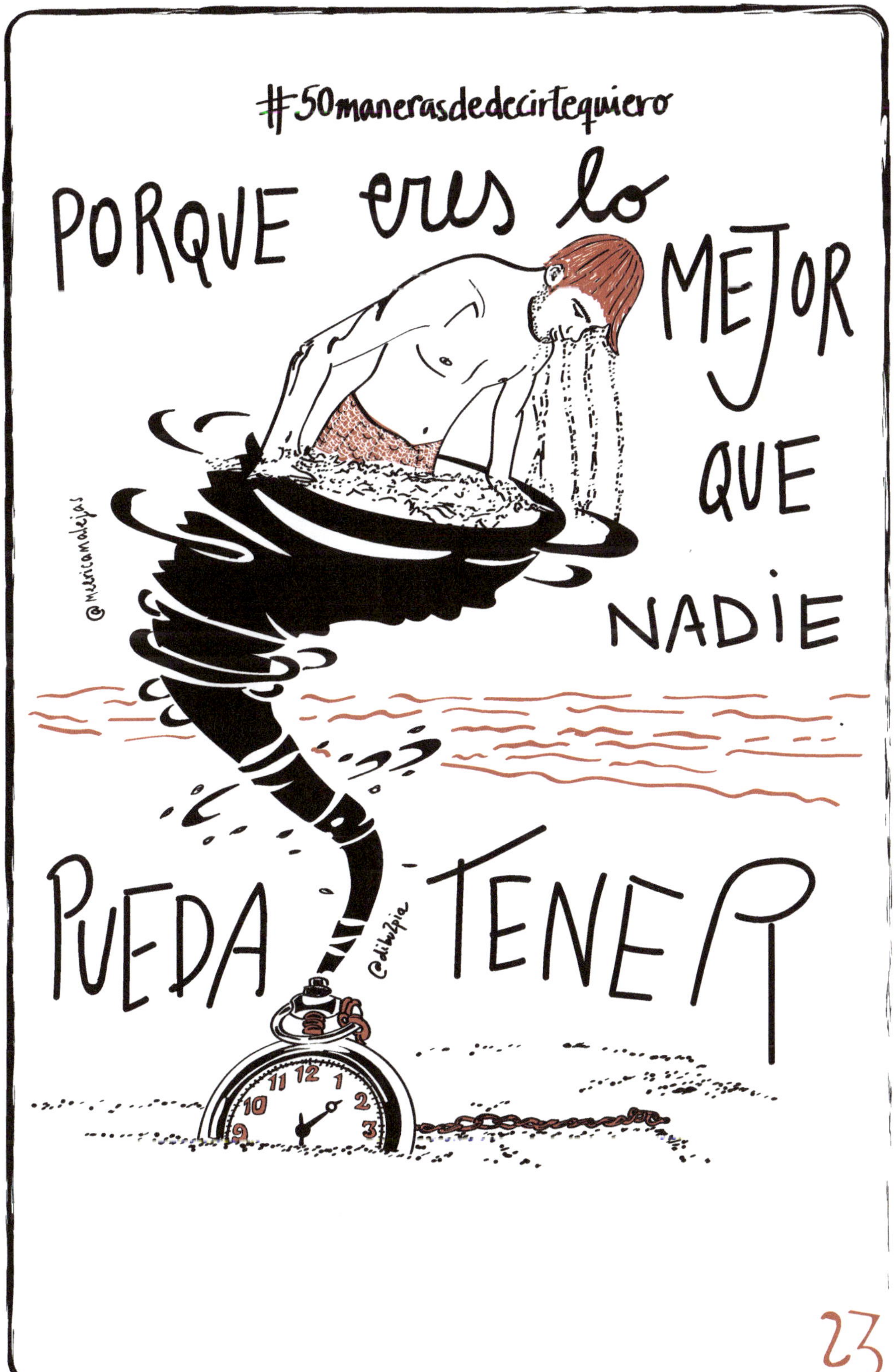

#50manerasdedecirtequiero
PORQUE eres lo MEJOR QUE NADIE
PUEDA TENER
@musicamalejas
@dibujpia

PORQUE RESPETAS LO QUE

me gusta

Y LO

QUE

NO

24

#50manerasdecirtequiero

PORQUE CONTiGO NO TENGO MIEDO
DREAM BIG
DREAM BIG PROFESIONAL
DREAM BIG
DREAM BIG PROFESIONAL
@melricamalejas
@dibu7pia
a nada

#50manerasdedecirtequiero
PORQUE SÓLO TÚ SABES 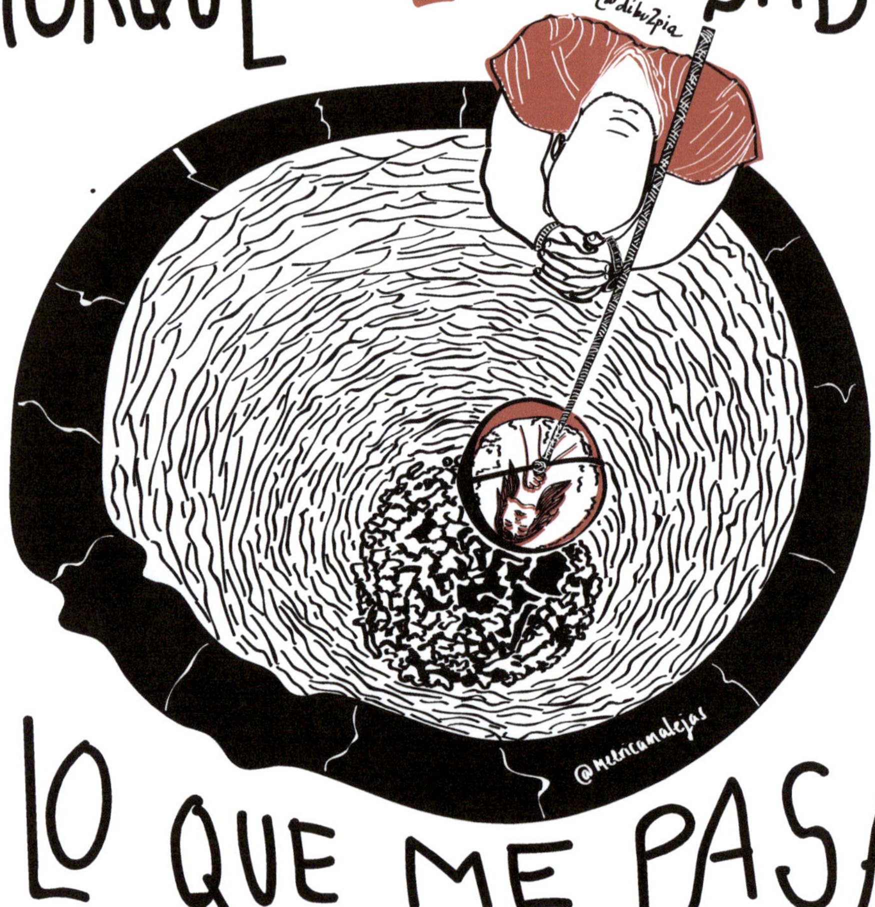
@dibu2pia
@meericamalejas
LO QUE ME PASA
al mirarme
26

porque sabes

LO QUE ME GUSTA & LO QUE ODIO

#50manerasdedecirtequiero
porque SABES decir
TE
QUIERO
SIN
MOVER
בכב
@dibu2pia
@Metricamalejas
los labios
28

porque eres

MI MEJOR

amig@

#50manerasdedecirtequiero

PORQUE CUANDO ME regañas SÉ QUE... LO HACES POR mi
@metricamalejas
@dibu2pia

30

porque

ERES ÚNIC@

31

#50manerasdedecirtequiero
por
ser
TAN 
CREATIV@
@meericamalejas
@dibu2pia
32

#50manerasdedecirtequiero
porque ME quieres
como
NADIE
@dibuZpia
@herricamalejas
33

#50manerasdedecirtequiero
PORQUE CONTIGO PUEDO
creer
en
@mericamalejas
@dibu2pia
iMPOSIBLES
34

PORQUE TE COMES LOS MONSTRUOS

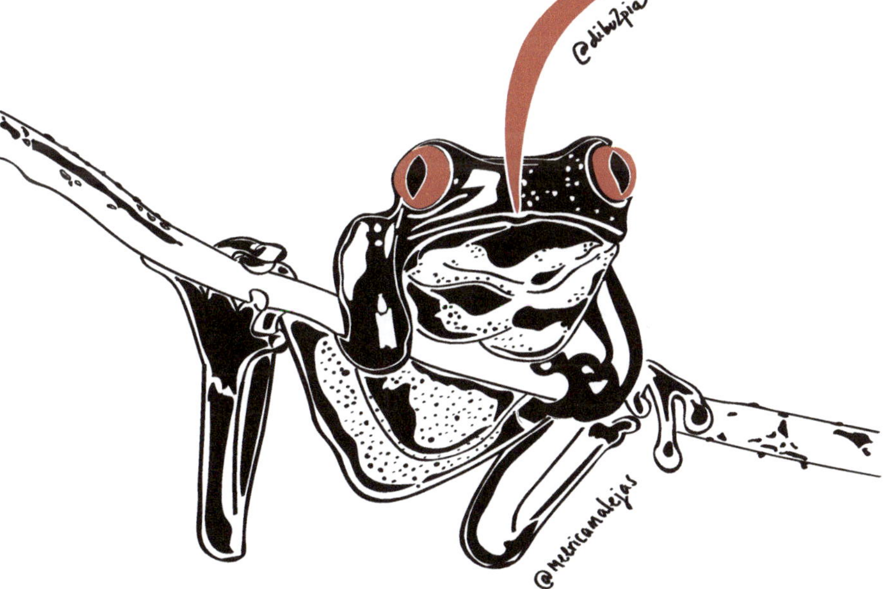

CON PATATAS

#50manerasdedecirtequiero
PORQUE siempre
ME
defiendes
@dibuzpia
@melisanalejas
36

PORQUE ILUMINAS

mis

tormentas

#50manerasdedecirtequiero
PORQUE SI PUDIERA
elegir un
PODER sería
el PODER
ESTAR CONTIGO
@metricamalejas
@dibu2pia
NEVERMORE

#50manerasdedecirtequiero
porque
tieneS

@metricamalejas

@dibu2pia

chispa

39

#50manerasdedecirtequiero
PORQUE hacemos UN GRAN  equipo
@melisicamalejas
@dibu2pia
40

#50manerasdedecirtequiero
PORQUE TODO
lo
hace
CON AMOR
@dibuZpia
@metricamalejas
41

#50manerasdedecirtequiero
porque
HACES
QUE VEA
la
vida
EN
COLOR
@dibuZpia
@mericamalejas
42

#50manerasdedecirtequiero
POR
reinventar
LA
PALABRA
tentación
@dibu2pia
@melricamalejas
43

#50manerasdedecirtequiero
POR CÓMO
ME
CANTAS
@mexicanalejas
@dibu2pia
al oído
44

#50manerasdedecirtequiero
porque
+ JUNTOS
MOVEMOS
MONTAÑA
@meericamalejas
@dibujpia
45

#50manerasdedecirtequiero
PORQUE DE TU MANO
saltaría
AL
VACÍO
@dibuZpia
@metricamalejas
46

#50manerasdedecirtequiero
PORQUE
tus
@dibu2pia
miradas
ME
@metricamalejas
deshacen
47

#50manerasdedecirtequiero
PORQUE CONSIGUES
parar
EL
@dibu2pia
TIEMPO

@meericamalejas

48

#50manerasdedecirtequiero
PORQUE ME AYUDAS
a podar
PARA
SEGUIR creciendo
@dibuzpia
@metricamalejas
49

#50manerasdedecirtequiero
POR SER MÁS
que TENER
@dibu2pia
@metricamalejas
O pertenecer
50

#50manerasdedecirtequiero
porque NO ME
OBLIGAS A
montarme
EN
MONTAÑAS
rusas
@dibuzpia
@mexicanalejas

51

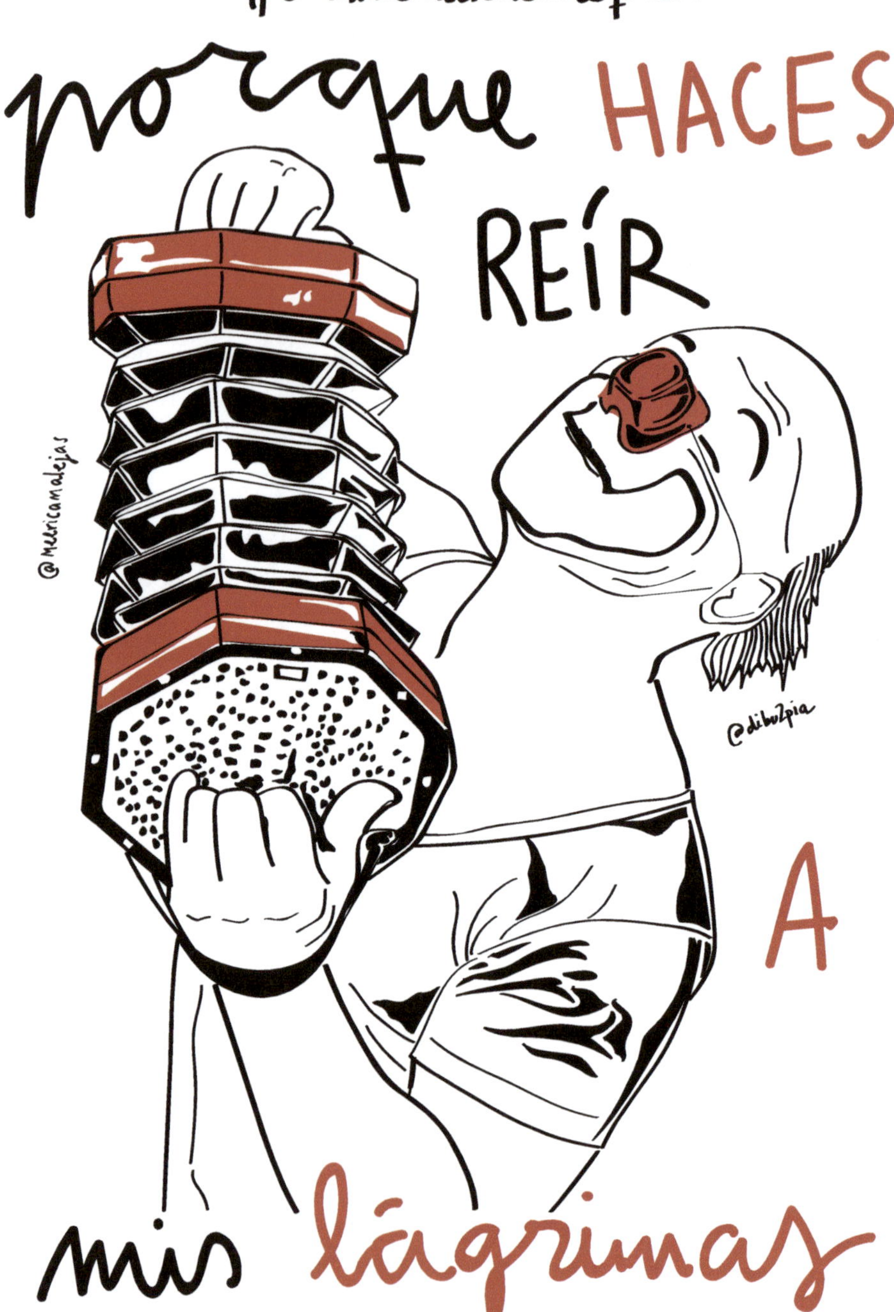

#50manerasdedecirtequiero
porque HACES REÍR
A
mis lágrimas
@mericamalejas
@dibuzpia
52

#50manerasdedecirtequiero
porque
ERES
mi
CONTRAPUNTO
@dibu2pia
@Metricamalejas

#50manerasdedecirtequiero

POR hacerlo
FÁCIL
y
siempre
DE
FRENTE
@mecricamalejas
@dibu2pia

#50manerasdedecirtequiero
porque CALMAS 
@dibu2pia
@metricamakejas
Mi iRA
55

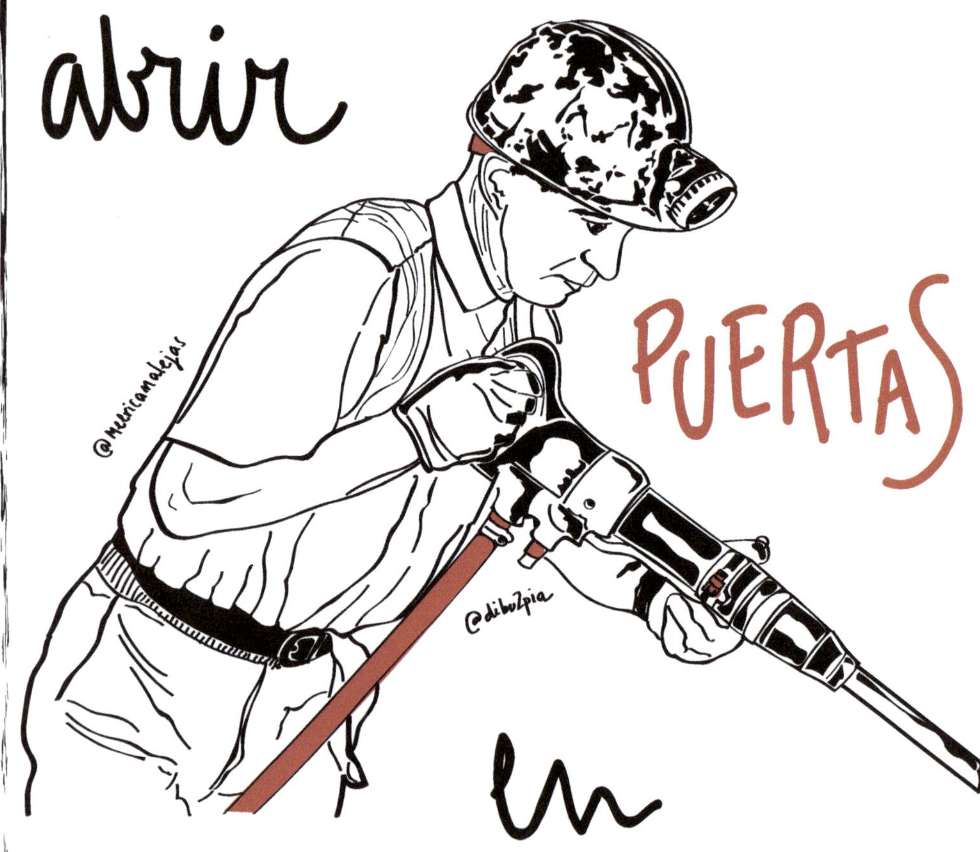

#50manerasdedecirtequiero
POR SABER
abrir
PUERTAS
en
MUROS DE CARGA
56

porque tu
DES-   ORDEN
me   lleva
HASTA   Mi   LUGAR
Please
Make Up
My Room
@dibuZpia
@meericamalejas
57

#50manerasdedecirtequiero
PORQUE cocinas
con TU
ALMA

PORQUE

a ti

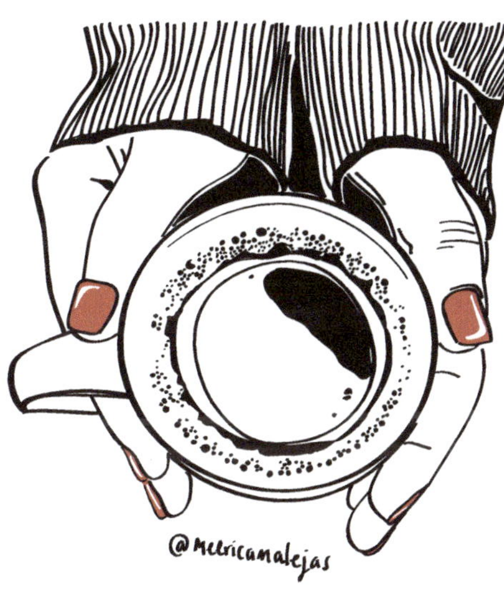

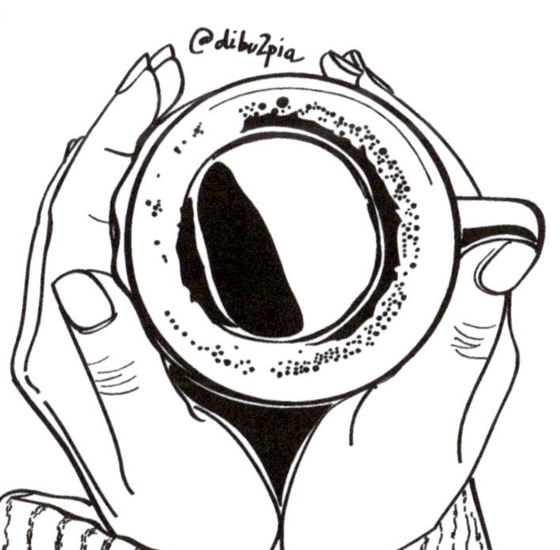

PUEDO

contarte TODO

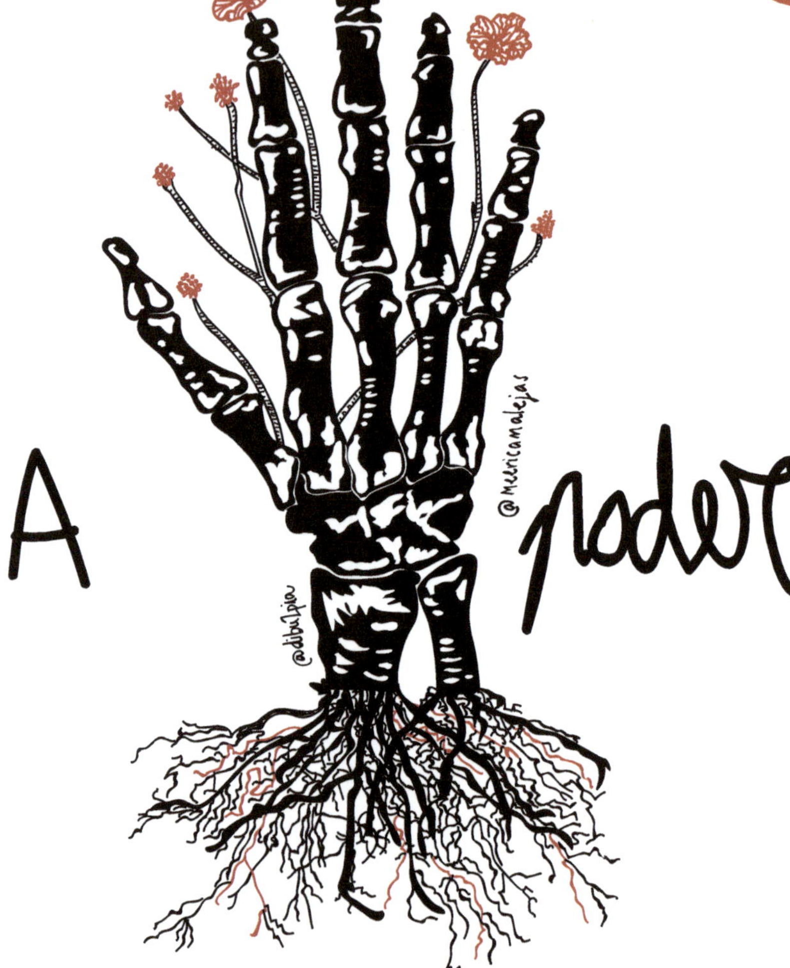

#50manerasdedecirtequiero
por ayudarme
A poder
@dibujpia
@mericamalejas
FLORECER
60

por CAMINAR

conmigo

NOTA FINAL:

Un amigo me dijo hace tiempo que todos los **"POR QUÉ"** no eran más que porquerías. Que debía reformular esas preguntas a un **"PARA QUÉ"**, pasando de una causalidad pasiva a un **reto** que se te lanza por delante ante el que algo queda en tu mano por hacer. Yo os reto ahora a que releáis todo con **"para"** o "para qué" y que os pongáis en **1ª persona** delente de cada frase y de vuestra gente. **Bienvenidos** a la **MAGIA**.

#50manerasdedecirtequiero

El **número OCHO** es enigmático y ha simbo-
lizado en muchas culturas el cambio o el
camino hacia la perfección o la unión entre
distintas dimensiones. Desde la estrella de
Salomón, la Tartésica, Rub el hizb, la estrella
de Lakshmi, la rueda del Dharma, o la
rosa de los vientos. Las patas de un pulpo o las
de una araña que teje el destino para le
Diosa Neith en Egipto, para Ishtar en Babilonia
o Atenea en Grecia. Y son sólo algunos ejemplos.

    El **cambio y el fluir** es lo único que
persiste y el ahora lo único sobre lo que, si
cabe, tenemos algo de impacto o percepción "real".
No soy fan del Carpe Diem egocéntrico, más bien
de este Octavus, hacia nosotros, los que nos
rodean y nuestra trascendencia.

    Y sin ser una despedida, os dejo con una

frase de mi hija Meri, que aún no ha leído a Budha, si acaso habrá visto alguna cita en su Instagram... pero que igual que mis otros 4 hijos a veces me susurran verdades como puños porque aún están aprendiendo a gritarlas a los 7 vientos.

"Quiérete antes de querer, y cuando quieras... ¡¡hazlo como nadie!!"

64

AGRADECIMIENTOS EXPLÍCITOS:

Aquí van algunos nombres de seres (dudo que sean sólo humanos ;) que me han animado, inspirado y ayudado.

A Adriá que siempre me llama titi.

A Mario T. por compartir su experiencia y trucos siempre que lo necesito, a Frank M. por insistir en que la próxima lo a pincel, a Luis S. por hacerme reír y pedirme que sacara toda esa energía acumulada con mis dibujos, a mi vecino Dani que siempre apunta mucho más alto, a Amparo y Luis que saben explicar igual que escuchar, a Maivi que es mi ángel de la guarda, a David S. por saber comunicarse sin hablar teniendo esa voz y a Rocío por seguir

#50manerasdedecirtequiero

...

comiendo conmigo y no aburrirse, a Hugo por aceptarme en Outliers hace unos años, a Rebeca por ponerle nombre y apellidos al Visual Thinking, a Jadi y Mar por ser de los primeros que confiaron en mí con un rotulador en la mano y a Pegre por descubrirme tantas cosas cool que te llevan a gente maravillosa, a Yola por hacerme dibujar locuras y hacerlas sin pensar demasiado, a Alfonso por hablar de todo y nada, a Marta M. por creer en los imposibles, a Álex por ser mi fan nº 1 y a Marisol por no dejar que pase el tiempo y a la tropa de X1RedMasSegura por ser y estar. Y a ti que no te nombro por olvido pero que sabes que tú estás aquí.

EL BOTE DE MERMELADA :

En directo dibujo así, y así me despi_
do, convencida de que regalarás este
libro a otra persona, o lo prestarás, o
sé que lavarás un bote de mermelada o
una botella cualquiera para llenarla
de #50manerasdedecirtequiero gritán_
dolo a los 7 vientos, fuerte como un
ocho infinito y eterno, para alguien
especial.

TAKE CARE + HAVEFUN + LOVE HARD

Apunta Tus 50...

68

Apunta tus 50 . . .

Apunta Tus 50 . . .

Apunta tus 50...

71